Impressum
Verlag: BABADADA GmbH, Nedderfeld 112 , 22529 Hamburg
Geschäftsführer / Verlagsleitung: Harald Hof
Druck: Books on Demand GmbH, In de Tarpen 42, 22848 Norderstedt

Imprint
Publisher: BABADADA GmbH, Nedderfeld 112 , 22529 Hamburg, Germany
Managing Director / Publishing direction: Harald Hof
Print: Books on Demand GmbH, In de Tarpen 42, 22848 Norderstedt

skole
école

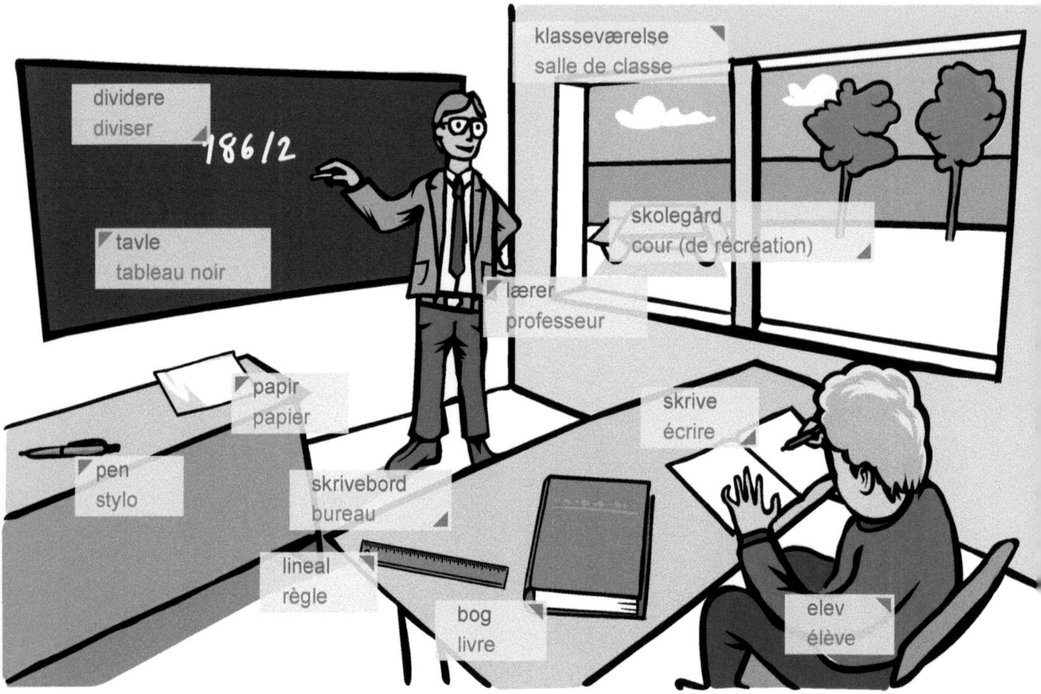

dividere
diviser
186/2
klasseværelse
salle de classe
tavle
tableau noir
skolegård
cour (de récréation)
lærer
professeur
papir
papier
skrive
écrire
pen
stylo
skrivebord
bureau
lineal
règle
bog
livre
elev
élève

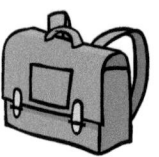

skoletaske

cartable

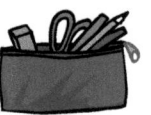

penalhus

trousse

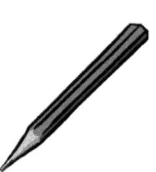

blyant

crayon

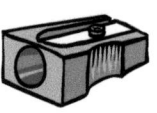

blyantspidser

taille-crayon

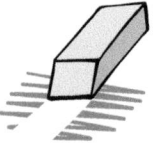

viskelæder

gomme

tegneblok

carnet à dessin

tegning
dessin

pensel
pinceau

æske med vandfarver
boîte de peinture

saks
ciseaux

lim
colle

opgavehefte
cahier d'exercices

lektie
devoirs

12

tal
chiffre

2+2

addere
additionner

5-2

subtrahere
soustraire

2×2

multiplicere
multiplier

regne
calculer

A

bogstav
lettre

ABCDEFG
HIJKLMN
OPQRSTU
VWXYZ

alfabet
alphabet

hello

ord
mot

tekst

texte

læse

lire

kridt

craie

time

leçon

klasseprotokol

livre de classe

eksamen

examen

karakterbog

certificat

skoleuniform

uniforme scolaire

uddannelse

formation

leksikon

lexique

universitet

université

mikroskop

microscope

kort

carte

papirkurv

corbeille à papier

skole - école

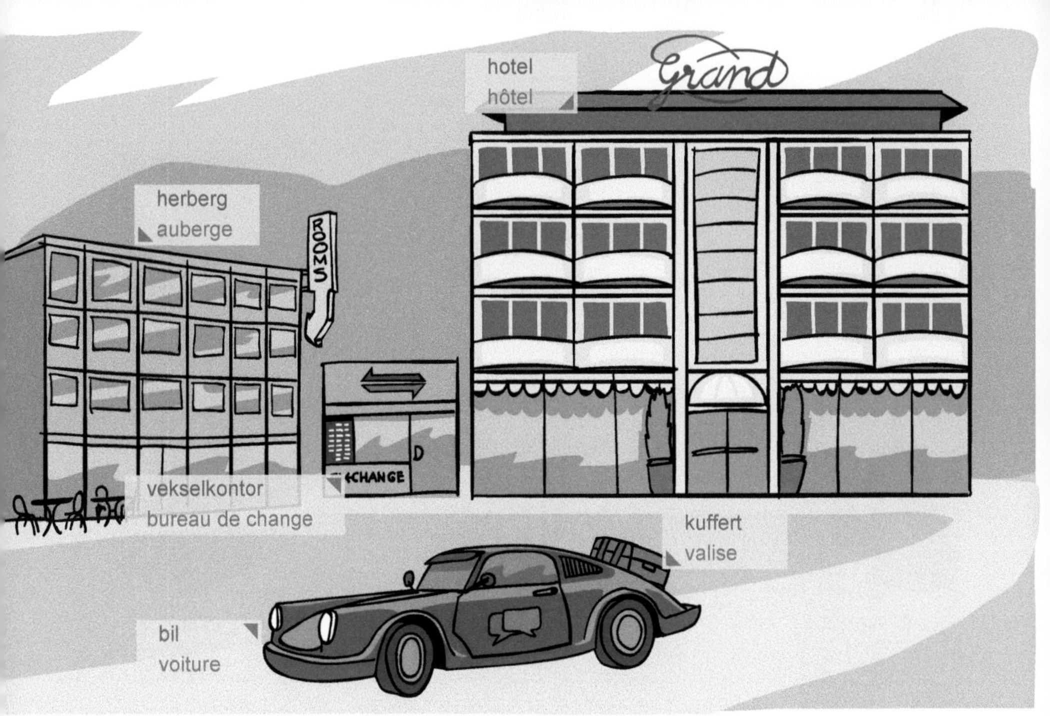

hotel
hôtel
Grand
herberg
auberge
ROOMS
vekselkontor
bureau de change
CHANGE
kuffert
valise
bil
voiture

sprog
langue

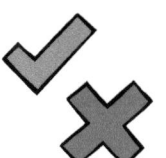

ja / nej
oui / non

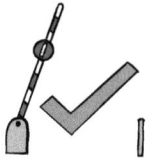

okay
d'accord

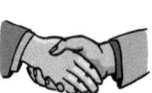

hej
Salut

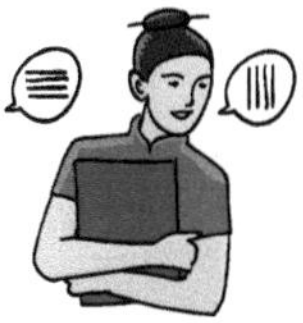

oversætter
interprète

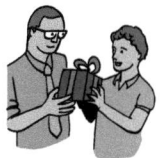

tak
merci

hvad koster...?

Combien coûte...?

Jeg forstår ikke

Je ne comprends pas

problem

problème

God aften!

Bonsoir !

God morgen!

Bonjour !

God nat!

Bonne nuit !

farvel

Au revoir

retning

direction

bagage

bagages

taske

sac

rygsæk

sac-à-dos

gæst

hôte

værelse

pièce

sovepose

sac de couchage

telt

tente

turistinformation

office de tourisme

strand

plage

kreditkort

carte de crédit

morgenmad

petit-déjeuner

middagsmad

déjeuner

aftensmad

dîner

billet

billet

elevator

ascenseur

frimærke

timbre

grænse

frontière

told

douane

ambassade

ambassade

visum

visa

pas

passeport

rejse - voyage

transport
transport

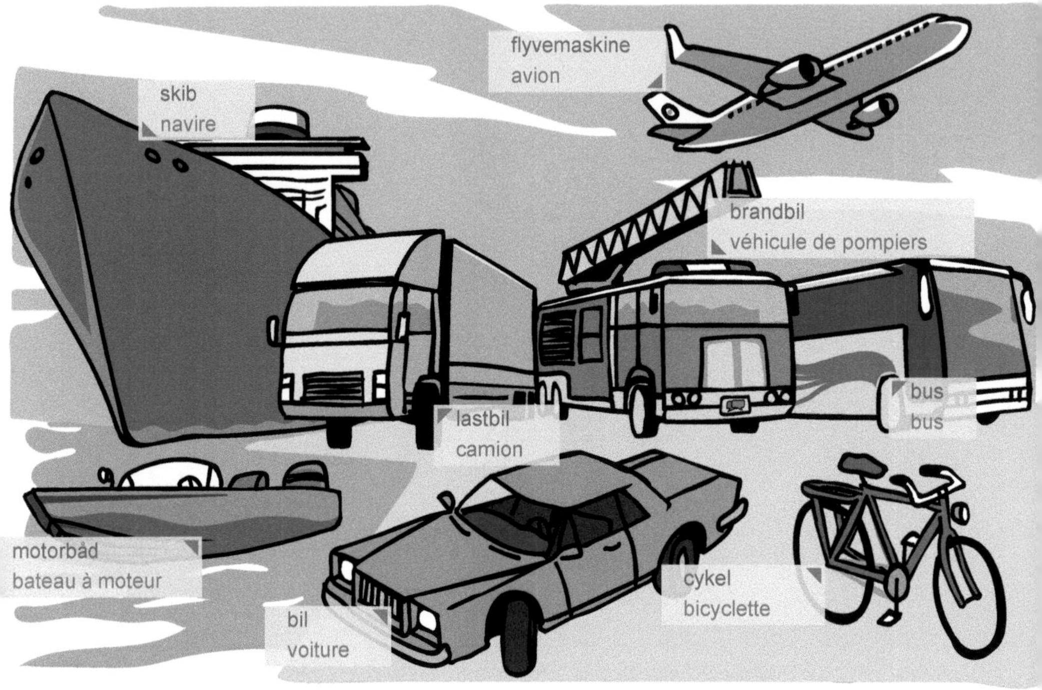
flyvemaskine
avion
skib
navire
brandbil
véhicule de pompiers
bus
bus
lastbil
camion
motorbåd
bateau à moteur
cykel
bicyclette
bil
voiture

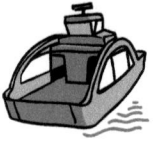

færge

ferry

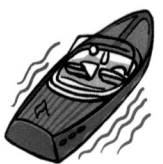

båd

barque

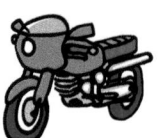

motorcykel

moto

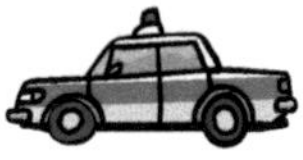

politibil

voiture de police

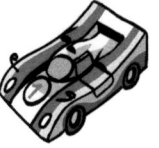

racerbil

voiture de course

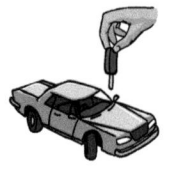

lejebil

voiture de location

samkørsel

auto-partage

kranbil

voiture de remorquage

skraldebil

benne à ordures

motor

moteur

benzin

essence

tankstation

station d'essence

trafikskilt

panneau indicateur

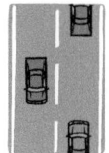

trafik

trafic

trafikprop

embouteillage

parkeringsplads

parking

banegård

gare

skinner

rails

tog

train

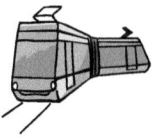

sporvogn

tramway

wagon

wagon

helikopter

hélicoptère

lufthavn

aéroport

tårn

tour

passager

passager

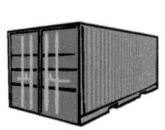

container

conteneur

karton

carton

kærre

chariot

kurv

corbeille

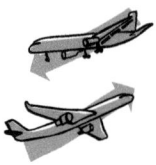

starte / lande

décoller / atterrir

by

ville

landsby

village

bymidte

centre-ville

hus

maison

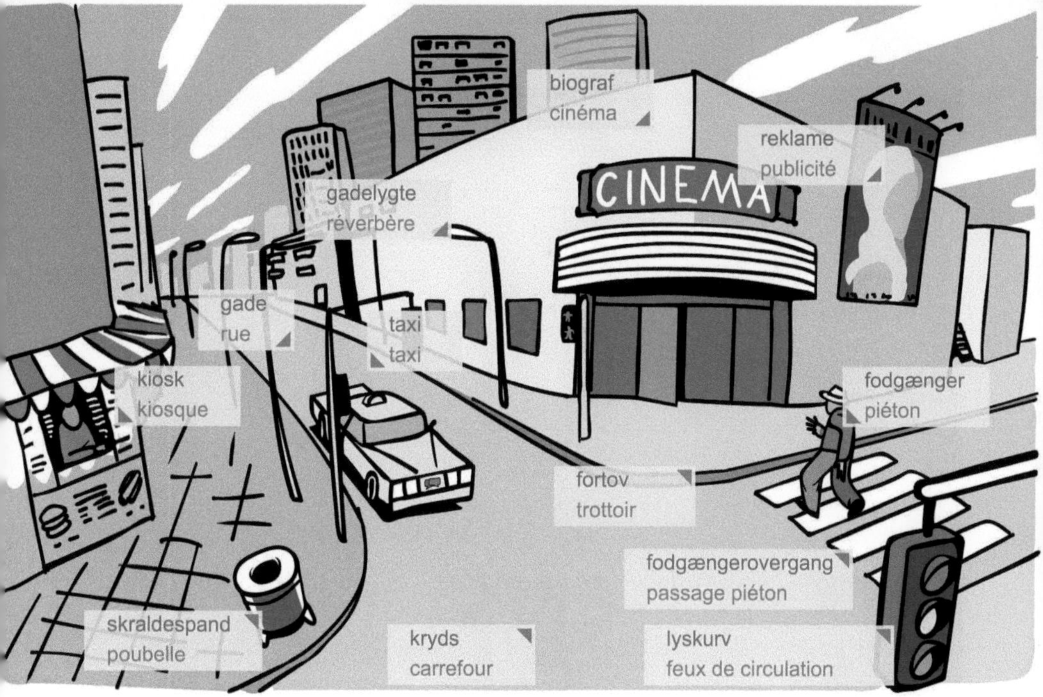
biograf
cinéma
reklame
publicité
CINEMA
gadelygte
réverbère
gade
rue
taxi
taxi
kiosk
kiosque
fodgænger
piéton
fortov
trottoir
fodgængerovergang
passage piéton
skraldespand
poubelle
kryds
carrefour
lyskurv
feux de circulation

hytte

cabane

lejlighed

appartement

banegård

gare

rådhus

mairie

MUSEUM

museum

musée

skole

école

universitet
université

bank
banque

sygehus
hôpital

hotel
hôtel

apotek
pharmacie

kontor
bureau

boghandel
librairie

butik
magasin

blomsterbutik
fleuriste

supermarked
supermarché

marked
marché

stormagasin
grand magasin

fiskehandler
poissonnerie

butikscenter
centre commercial

havn
port

park

parc

bænk

banque

bro

pont

trappe

escaliers

undergrundsbane

métro

tunnel

tunnel

busstoppested

arrêt de bus

barnevogn

bar

restaurant

restaurant

postkasse

boîte à lettres

vejskilt

panneau indicateur

parkometer

parcmètre

zoo

zoo

badeanstalt

piscine

moske

mosquée

bondegård
ferme

miljøforurening
pollution

kirkegård
cimetière

kirke
église

legeplads
aire de jeux

tempel
temple

landskab

paysage

blad
feuille

vejviser
panneau indicateur

vej
chemin

eng
pré

sten
pierre

træ
arbre

vandrer
randonneur

flod
rivière

blomst
fleur

græs
herbe

dal
vallée

bjerg
montagne

sø
lac

skov
forêt

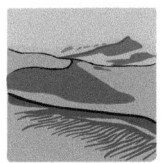

ørken
désert

vulkan
volcan

slot
château

regnbue
arc-en-ciel

svamp
champignon

palme
palmier

moskito
moustique

flue
mouche

myre
fourmis

bi
abeille

edderkop
araignée

landskab - paysage

15

bille

coléoptère

frø

grenouille

egern

écureuil

pindsvin

hérisson

hare

lièvre

ugle

chouette

fugl

oiseau

svane

cygne

vildsvin

sanglier

hjort

cerf

elg

élan

dæmning

barrage

vindmølle

éolienne

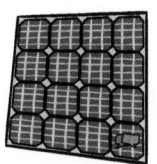

solcellemodul

panneau solaire

klima

climat

restaurant
restaurant

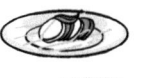

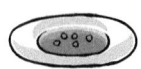

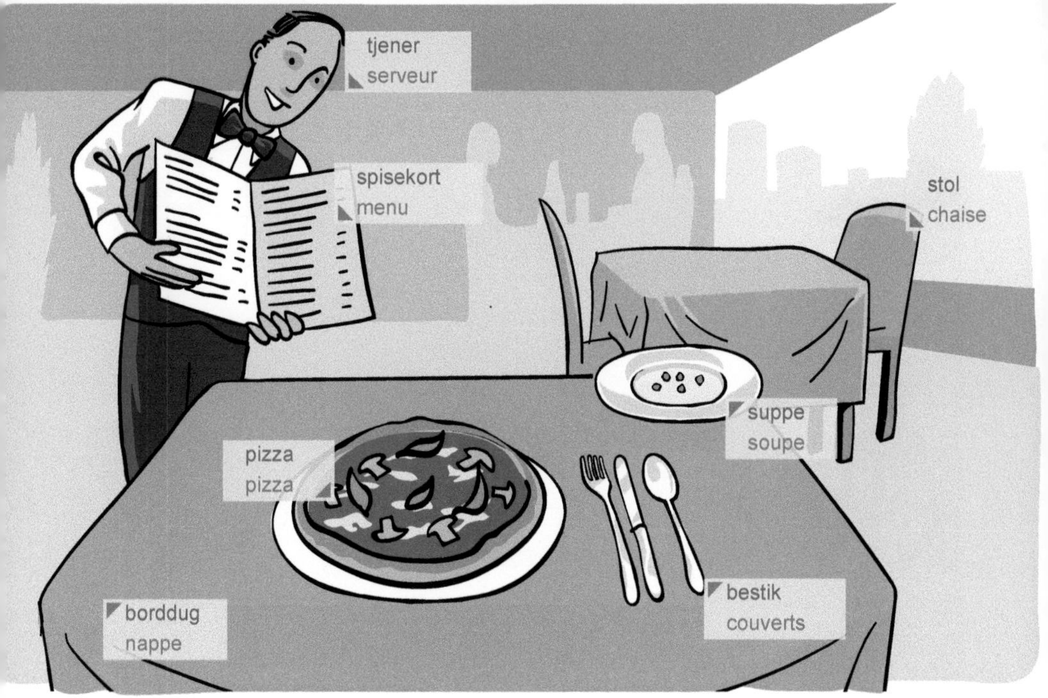

tjener
serveur
spisekort
menu
stol
chaise
suppe
soupe
pizza
pizza
bestik
couverts
borddug
nappe

forret

hors d'œuvre

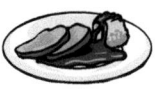

hovedret

plat principal

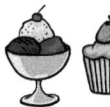

dessert

dessert

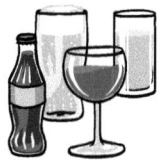

drikkevarer

boissons

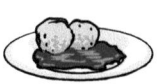

mad

alimentation

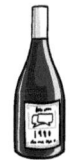

flaske

bouteille

fastfood

fast-food

streetfood

plats à emporter

tekande

théière

sukkerdåse

sucrier

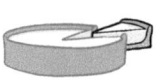

portion

portion

espressomaskine

machine à expresso

barnestol

chaise haute

faktura

facture

tablet

plateau

kniv

couteau

gaffel

fourchette

ske

cuillère

teske

cuillère à thé

serviet

serviette

glas

verre

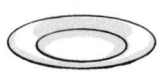

tallerken

assiette

dyb tallerken

assiette à soupe

underkop

soucoupe

sovs

sauce

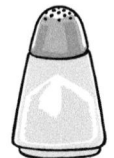

saltbøsse

salière

peberkværn

moulin à poivre

eddike

vinaigre

olie

huile

krydderier

épices

ketchup

ketchup

sennep

moutarde

mayonnaise

mayonnaise

supermarked
supermarché

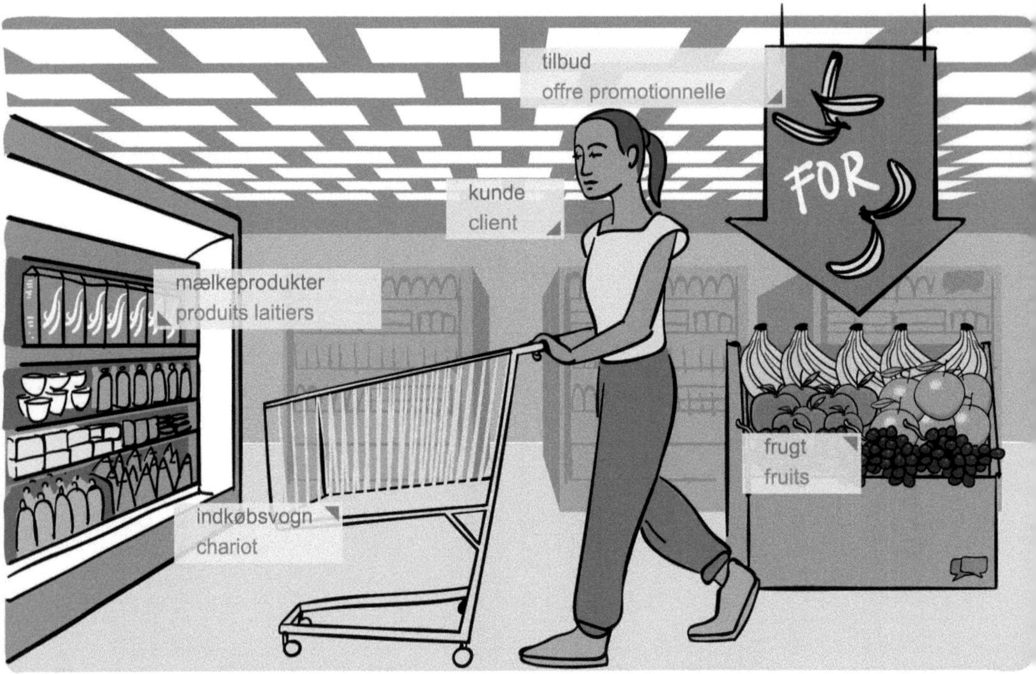

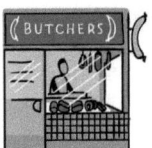

tilbud
offre promotionnelle
FOR
kunde
client
mælkeprodukter
produits laitiers
frugt
fruits
indkøbsvogn
chariot

BUTCHERS

slagter

boucherie

BAKERY

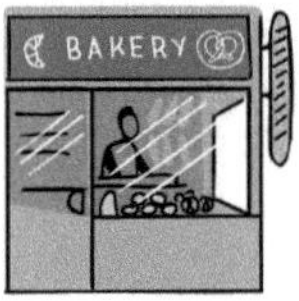

bageri

boulangerie

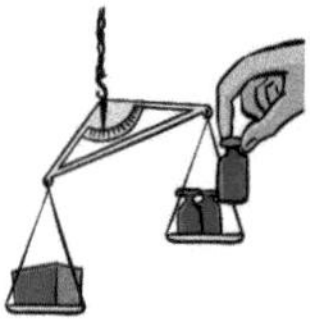

veje

peser

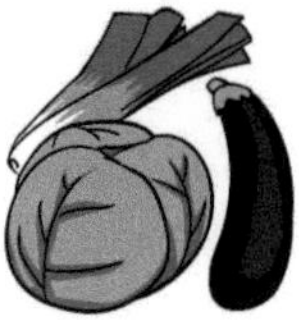

grøntsager

légumes

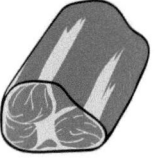

kød

viande

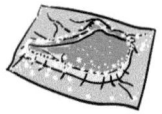

frostvarer

aliments surgelés

pålæg

charcuterie

konserves

conserves

vaskemiddel

poudre à lessive

slik

bonbons

husholdningsvarer

articles ménagers

rengøringsmidler

détergents

ekspedient

vendeuse

kasse

caisse

kasserer

caissier

indkøbsliste

liste d'achats

åbningstider

heures d'ouverture

tegnebog

portefeuille

kreditkort

carte de crédit

taske

sac

plasticpose

sac en plastique

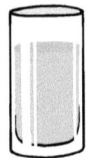

vand

eau

saft

jus de fruit

mælk

lait

cola

coca

vin

vin

øl

bière

alkohol

alcool

kakao

chocolat chaud

te

thé

kaffe

café

espresso

expresso

cappuccino

cappuccino

banan

banane

æble

pomme

appelsin

orange

melon

melon

citron

citron

gulerod

carotte

hvidløg

ail

bambus

bambou

løg

oignon

svamp

champignon

nødder

noisettes

nudler

pâtes

spaghetti

spaghetti

ris

riz

salat

salade

pomfritter

pommes frites

stegte kartofler

pommes de terre rôties

pizza

pizza

hamburger

hamburger

sandwich

sandwich

schnitzel

escalope

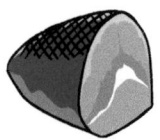

skinke

jambon

salami

salami

pølse

saucisse

kylling

poulet

steg

rôti

fisk

poisson

havregryn

flocons d'avoine

mysli

muesli

cornflakes

cornflakes

mel

farine

croissant

croissant

rundstykke

petits-pains

brød

pain

toast

pain grillé

kiks

biscuits

smør

beurre

kvark

le fromage blanc

kage

gâteau

æg

œuf

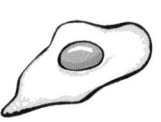

spejlæg

œuf au plat

ost

fromage

is
glace

sukker
sucre

honning
miel

marmelade
confiture

nougat-creme
crème nougat

karry
curry

bondegård
ferme

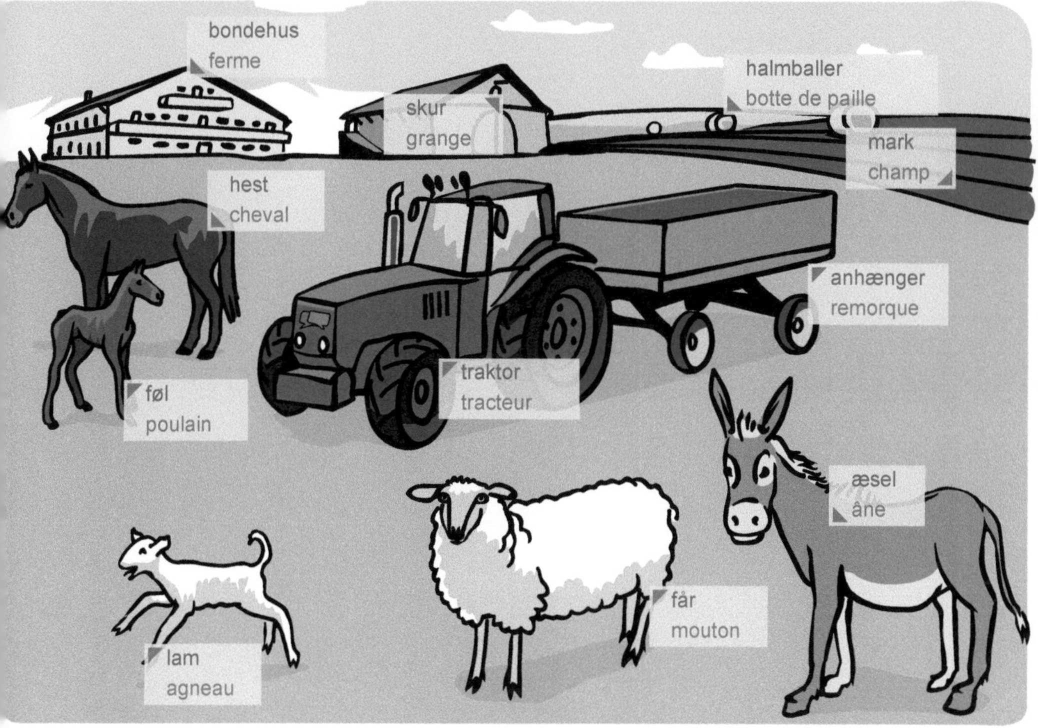
bondehus
ferme
skur
grange
halmballer
botte de paille
mark
champ
hest
cheval
anhænger
remorque
traktor
tracteur
føl
poulain
æsel
âne
får
mouton
lam
agneau

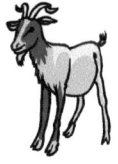

ged

chèvre

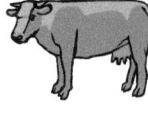

ko

vache

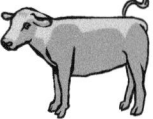

kalv

veau

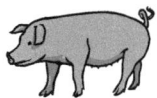

svin

porc

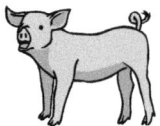

gris

porcelet

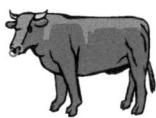

tyr

taureau

gås
oie

and
canard

kylling
poussin

høne
poule

hane
coq

rotte
rat

kat
chat

mus
souris

okse
bœuf

hund
chien

hundehus
chenil

haveslange
tuyau de jardin

vandkande
arrosoir

le
faucheuse

plov
charrue

segl

faucille

hakkejern

pioche

møggreb

fourche

økse

hache

trillebør

brouette

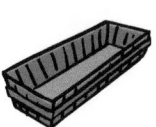

trug

cuve

mælkekande

pot à lait

sæk

sac

hæk

clôture

stald

étable

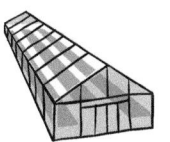

drivhus

serre

jord

sol

frø

semences

gødning

engrais

mejetærsker

moissonneuse-batteuse

høste
récolter

høst
récolte

yams
igname

hvede
blé

soja
soja

kartoffel
pomme de terre

majs
maïs

raps
colza

frugttræ
arbre fruitier

maniok
manioc

korn
céréales

hus
maison

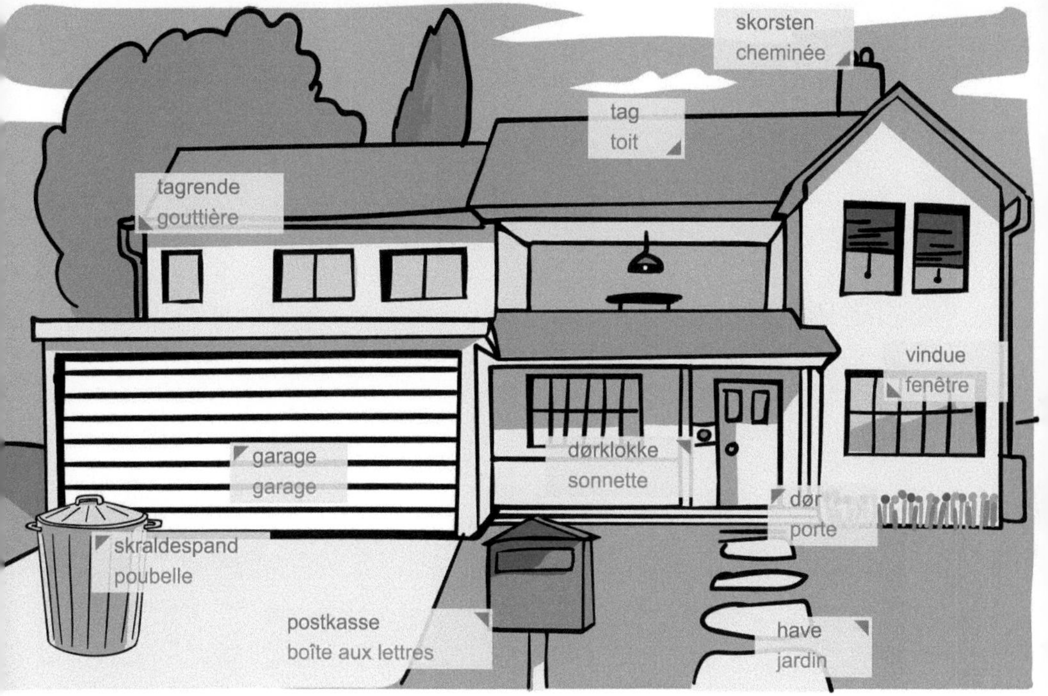
skorsten
cheminée
tag
toit
tagrende
gouttière
vindue
fenêtre
garage
garage
dørklokke
sonnette
dør
porte
skraldespand
poubelle
postkasse
boîte aux lettres
have
jardin

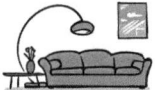

stue

salon

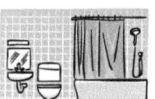

badeværelse

salle de bain

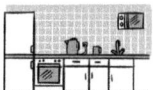

køkken

cuisine

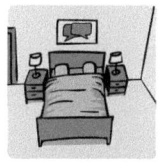

soveværelse

chambre à coucher

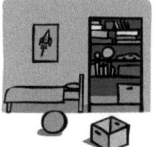

børneværelse

chambre d'enfant

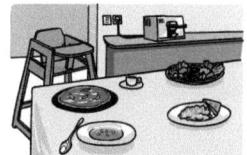

spisestue

salle à manger

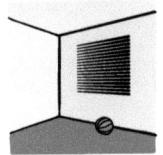

gulv
sol

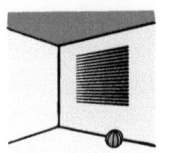

væg
mur

loft
plafond

kælder
cave

sauna
sauna

altan
balcon

terrasse
terrasse

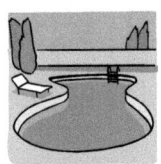

svømmehal
piscine

plæneklipper
tondeuse à gazon

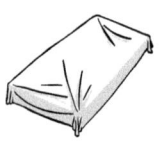

dynebetræk
housse

dyne
couette

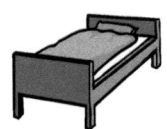

seng
lit

kost
balai

spand
sceau

kontakt
interrupteur

stue
salon

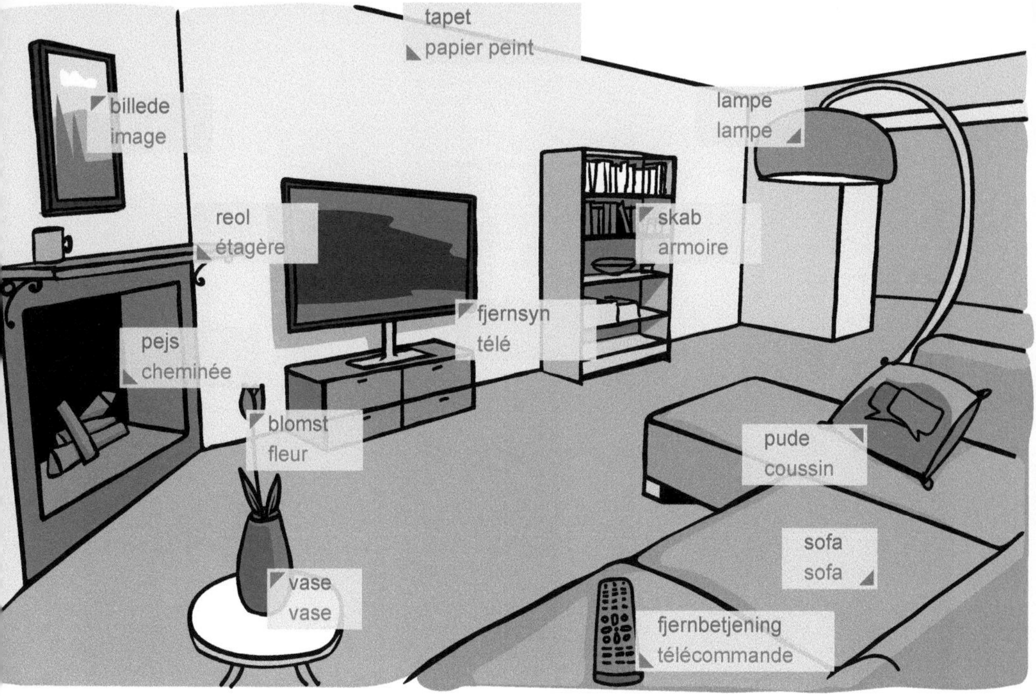
tapet
papier peint
billede
image
lampe
lampe
reol
étagère
skab
armoire
fjernsyn
télé
pejs
cheminée
blomst
fleur
pude
coussin
sofa
sofa
vase
vase
fjernbetjening
télécommande

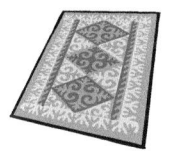

gulvtæppe

tapis

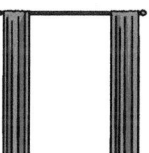

gardin

rideau

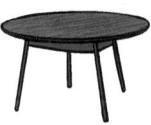

bord

table

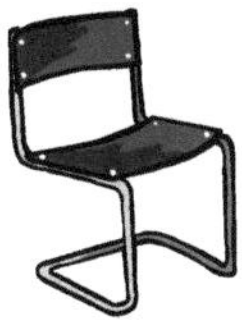

stol

chaise

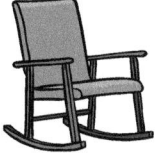

gyngestol

chaise à bascule

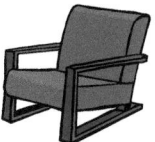

lænestol

fauteuil

bog
livre

tæppe
couverture

dekoration
décoration

brænde
bois de chauffage

film
film

stereoanlæg
chaîne hi-fi

nøgle
clé

avis
journal

maleri
peinture

plakat
poster

radio
radio

notesblok
bloc-notes

støvsuger
aspirateur

kaktus
cactus

lys
bougie

køkken
cuisine

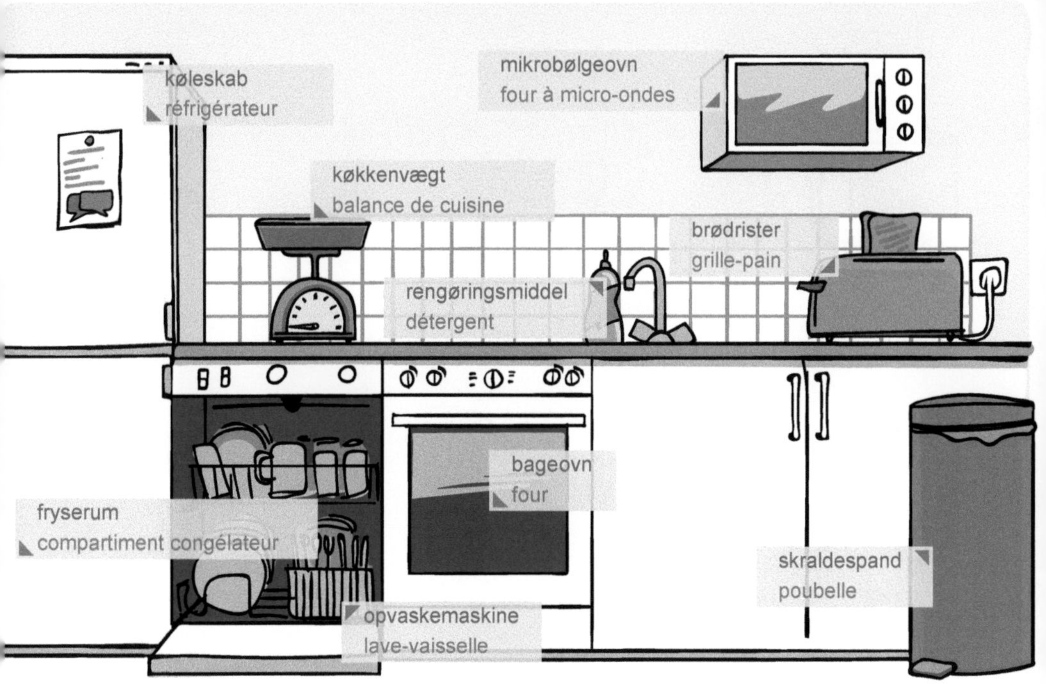

køleskab
réfrigérateur
mikrobølgeovn
four à micro-ondes
køkkenvægt
balance de cuisine
brødrister
grille-pain
rengøringsmiddel
détergent
bageovn
four
fryserum
compartiment congélateur
skraldespand
poubelle
opvaskemaskine
lave-vaisselle

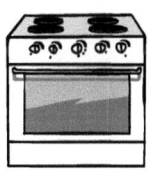

komfur
four

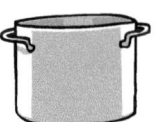

gryde
casserole

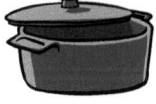

jerngryde
marmite

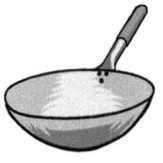

wok / kadai
wok / kadai

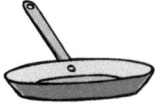

pande
poêle

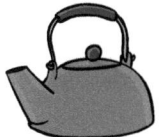

elkedel
bouilloire electrique

dampkoger

cuiseur vapeur

bageplade

plaque de cuisson

service

vaisselle

bæger

gobelet

skål

coupe

spisepinde

baguettes

øseske

louche

paletkniv

spatule

piskeris

fouet

dørslag

passoire

si

tamis

rive

râpe

morter

mortier

grille

barbecue

ildsted

cheminée

skærebræt

planche à découper

kagerulle

rouleau à pâtisserie

proptrækker

tire-bouchon

dåse

boîte

dåseåbner

ouvre-boîte

grydelap

maniques

køkkenvask

lavabo

børste

brosse

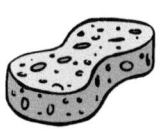

svamp

éponge

blender

mixeur

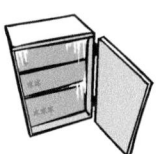

dybfryser

congélateur

sutteflaske

biberon

vandhane

robinet

badeværelse

salle de bain

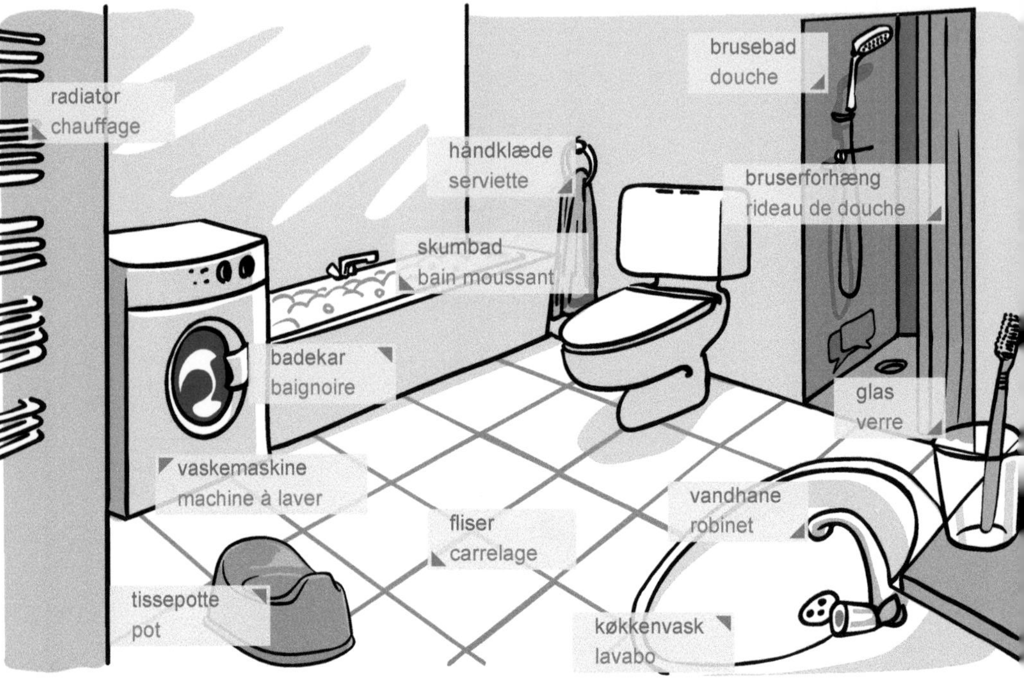

radiator
chauffage
håndklæde
serviette
brusebad
douche
bruserforhæng
rideau de douche
skumbad
bain moussant
badekar
baignoire
glas
verre
vaskemaskine
machine à laver
vandhane
robinet
fliser
carrelage
tissepotte
pot
køkkenvask
lavabo

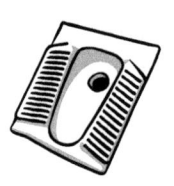

toilet

toilettes

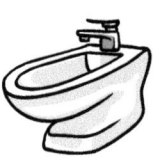

hugsiddende toilet

toilette à la turque

bidet

bidet

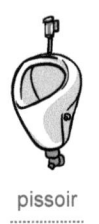

pissoir

urinoir

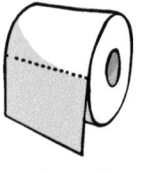

toiletpapir

papier toilette

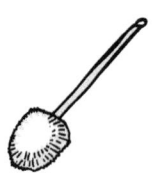

toiletbørste

brosse à toilette

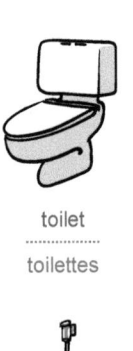

tandbørste
brosse à dents

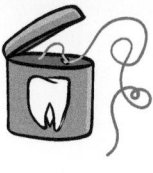

tandpasta
dentifrice

tandtråd
fil dentaire

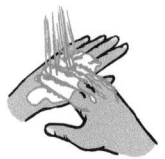

vaske
laver

håndbruser
douche manuelle

intimbruser
douche intime

vaskefad
vasque

badebørste
brosse dorsale

sæbe
savon

brusegele
gel douche

shampoo
shampooing

vaskeklud
gant de toilette

afløb
écoulement

creme
crème

deodorant
déodorant

spej l

miroir

kosmetikspejl

miroir cosmétique

barberhøvl

rasoir

barberskum

mousse à raser

barbervand

après-rasage

kam

peigne

børste

brosse

hårtørrer

sèche-cheveux

hårspray

laque pour cheveux

makeup

fond de teint

læbestift

rouge à lèvres

neglelak

vernis à ongles

vat

ouate

neglesaks

coupe-ongles

parfume

parfum

toilettaske

trousse de toilette

skammel

tabouret

vægt

pèse-personne

badekåbe

peignoir

gummihandsker

gants de nettoyage

tampon

tampon

damebind

serviettes hygiéniques

kemisk toilet

toilette chimique

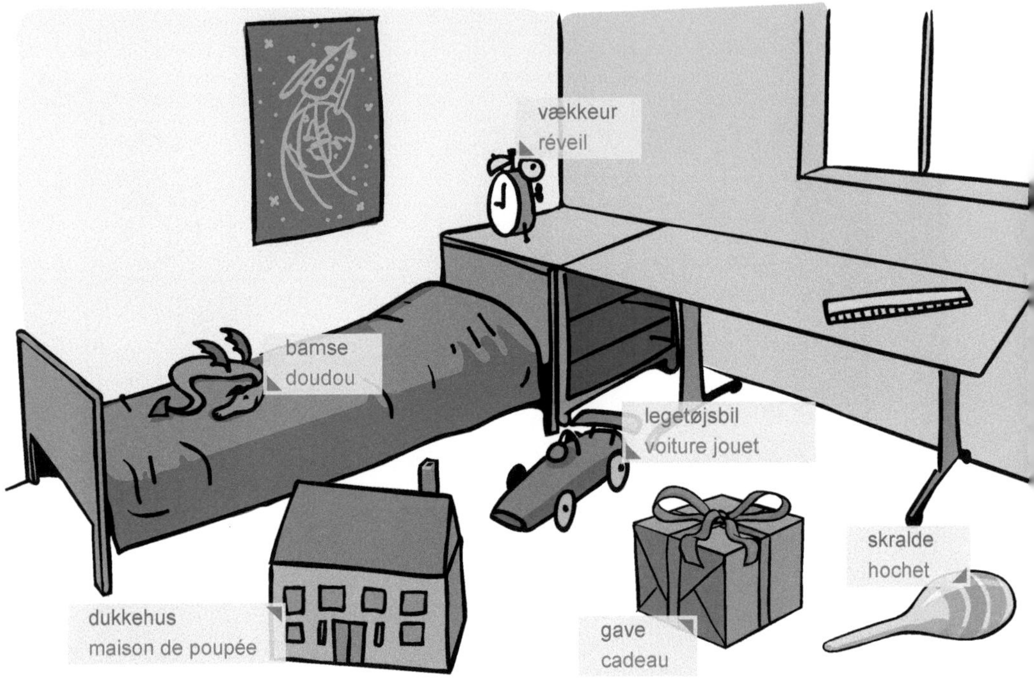

vækkeur
réveil
bamse
doudou
legetøjsbil
voiture jouet
skralde
hochet
dukkehus
maison de poupée
gave
cadeau

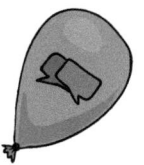

ballon

ballon

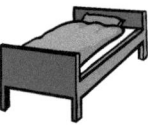

seng

lit

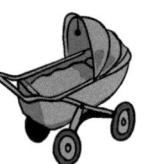

barnevogn

poussette

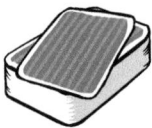

kortspil

jeu de cartes

puslespil

puzzle

SUPER MEGA

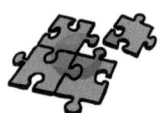

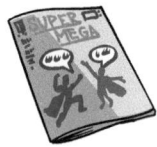

tegneserie

bande dessinée

legoklodser

pièces lego

byggeklodser

blocs de construction

action figur

figurine

sparkedragt

grenouillère

frisbee

frisbee

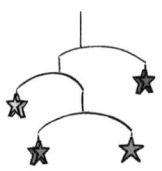

uro

mobile

brætspil

jeu de société

terning

dé

modeljernbane

train miniature

sut

sucette

fest

fête

billedbog

livre d'images

bold

balle

dukke

poupée

lege

jouer

sandkasse

bac à sable

gynge

balançoire

legetøj

jouets

spillekonsol

console de jeu

trehjulet cykel

tricycle

bamse

ours en peluche

klædeskab

armoire

tøj

vêtements

sokker

chaussettes

strømper

bas

strømpebukser

collant

sjal
écharpe

paraply
parapluie

T-shirt
t-shirt

bælte
ceinture

støvler
bottes

hjemmesko
pantoufles

sneakers
baskets

sandaler	sko	gummistøvler
sandales	chaussures	bottes de caoutchouc

underbukser	BH	undertrøje
sous-vêtements	soutien-gorge	maillot de corps

body
body

bukser
pantalon

jeans
jean

nederdel
jupe

bluse
chemisier

skjorte
chemise

pullover
pull

sweatshirt
sweat à capuche

blazer
veste

jakke
veste

frakke
manteau

regnfrakke
imperméable

kostume
costume

kjole
robe

brudekjole
robe de mariée

jakkesæt

costume

nattrøje

chemise de nuit

pyjamas

pyjama

sari

sari

hovedtørklæde

foulard

turban

turban

burka

burqa

kaftan

caftan

abaya

abaya

badedragt

maillot de bain

badebukser

maillot de bain

korte bukser

short

træningsdragt

tenue d'entraînement

forklæde

tablier

handsker

gants

knap

bouton

briller

lunettes

armbånd

bracelet

kæde

collier

ring

bague

ørering

boucle d'oreille

hue

bonnet

bøjle

cintre

hat

chapeau

slips

cravate

lynlås

fermeture éclair

hjelm

casque

seler

bretelles

skoleuniform

uniforme scolaire

uniform

uniforme

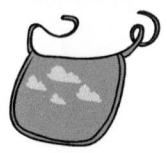

hagesmæk

bavoir

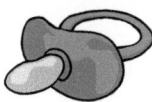

sut

sucette

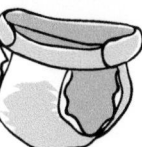

ble

lange

kontor

bureau

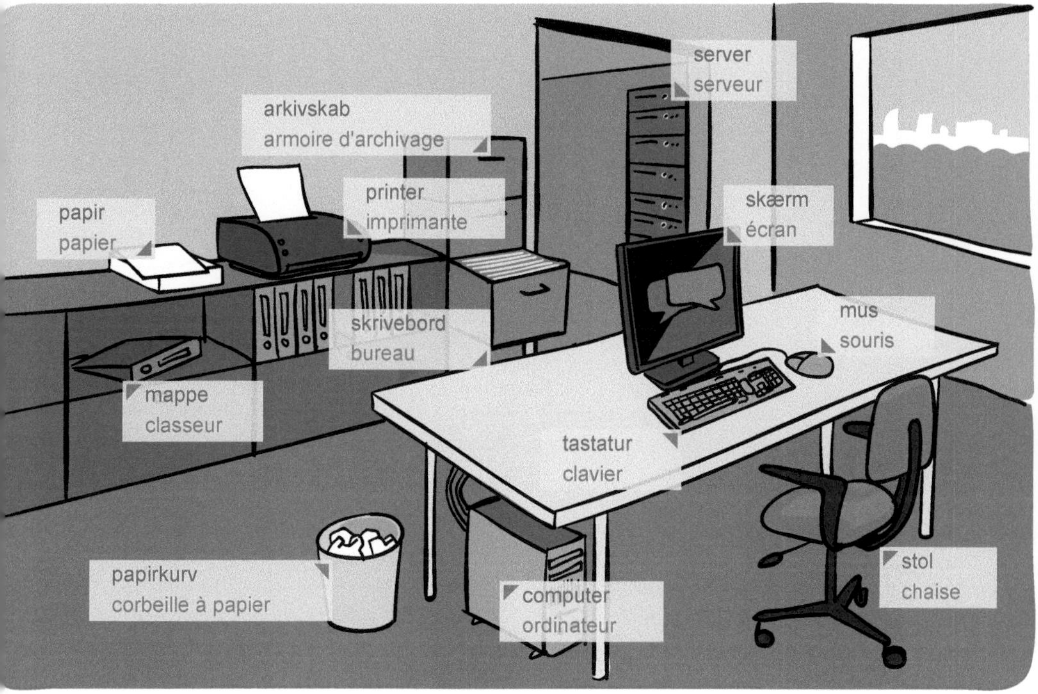
server
serveur
arkivskab
armoire d'archivage
papir
papier
printer
imprimante
skærm
écran
mus
souris
skrivebord
bureau
mappe
classeur
tastatur
clavier
papirkurv
corbeille à papier
computer
ordinateur
stol
chaise

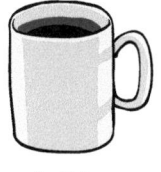

kaffekrus

tasse de café

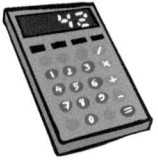

lommeregner

calculatrice

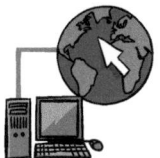

internet

internet

bærbar

ordinateur portable

brev

lettre

besked

message

mobil

portable

netværk

réseau

kopimaskine

photocopieuse

software

logiciel

telefon

téléphone

stikdåse

prise

fax

fax

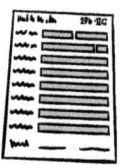

formular

formulaire

dokument

document

købe
....
acheter

betale
....
payer

handle
....
faire du commerce

penge
....
monnaie

dollar
....
dollar

euro
....
euro

yen
....
yen

rubel
....
rouble

schweizerfranc
....
franc suisse

renminbi yuan
....
renminbi yuan

rupee
....
roupie

hæveautomat
....
distributeur automatique

vekselkontor

bureau de change

guld

or

sølv

argent

olie

pétrole

energi

énergie

pris

prix

kontrakt

contrat

skat

taxe

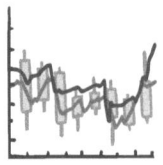

aktie

action

arbejde

travailler

ansat

employé

arbejdsgiver

employeur

fabrik

usine

butik

magasin

politimand
agent de police

brandmand
pompier

kok
cuisinier

læge
médecin

pilot
pilote

gartner

jardinier

tømrer

menuisier

syerske

couturière

dommer

juge

kemiker

chimiste

skuespiller

acteur

buschauffør

conducteur de bus

taxachauffør

chauffeur de taxi

fisker

pêcheur

rengøringskone

femme de ménage

tagdækker

couvreur

tjener

serveur

jæger

chasseur

maler

peintre

bager

boulanger

elektriker

électricien

bygningsarbejder

ouvrier

ingeniør

ingénieur

slagter

boucher

vvs-mand

plombier

postbud

facteur

soldat

soldat

arkitekt

architecte

kasserer

caissier

blomsterhandler

fleuriste

frisør

coiffeur

togfører

contrôleur

mekaniker

mécanicien

kaptajn

capitaine

tandlæge

dentiste

videnskabsmand

scientifique

rabbiner

rabbin

imam

imam

munk

moine

præst

prêtre

værktøj
outils

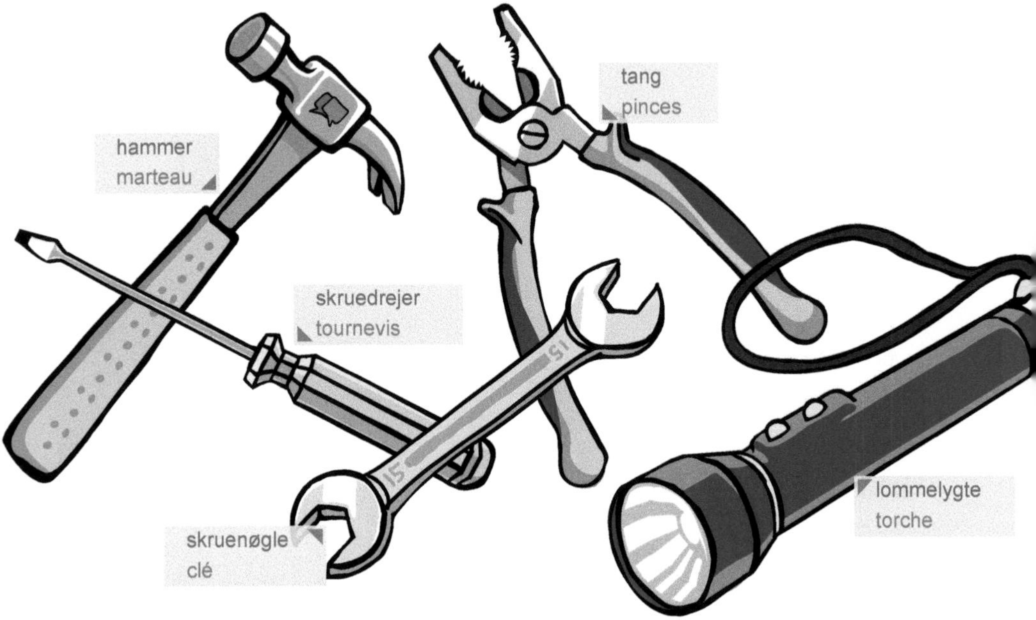
tang
pinces
hammer
marteau
skruedrejer
tournevis
lommelygte
torche
skruenøgle
clé

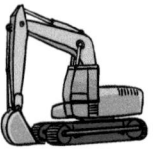

gravemaskine

pelleteuse

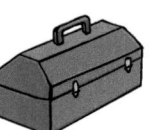

værktøjskasse

boîte à outils

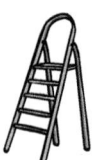

stige

échelle

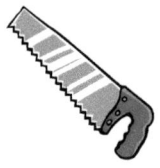

sav

scie

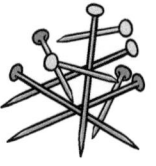

søm

clous

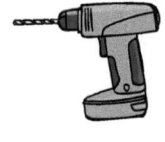

bor

perceuse

reparere

réparer

skovl

pelle

Lort!

Mince !

fejebakke

pelle

malerspand

pot de peinture

skruer

vis

musikinstrumenter

instruments de musique

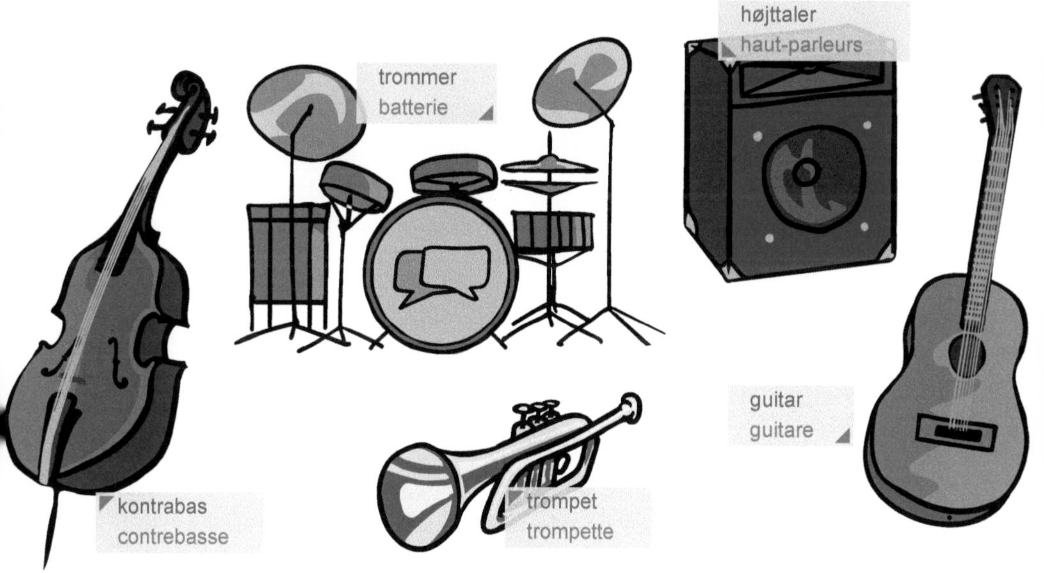

højttaler
haut-parleurs

trommer
batterie

guitar
guitare

kontrabas
contrebasse

trompet
trompette

klaver

piano

violin

violon

bas

basse

pauke

timbales

tromme

tambour

keyboard

piano électrique

saxofon

saxophone

fløjte

flûte

mikrofon

microphone

tiger
tigre

indgang
entrée

bur
cage

zebra
zèbre

dyrefoder
alimentation animale

panda
panda

dyr
animaux

elefant
éléphant

kænguru
kangourou

næsehorn
rhinocéros

gorilla
gorille

bjørn
ours

kamel

chameau

struds

autruche

løve

lion

abe

singe

flamingo

flamand rose

papegøje

perroquet

isbjørn

ours polaire

pingvin

pingouin

haj

requin

påfugl

paon

slange

serpent

krokodille

crocodile

dyrepasser

gardien de zoo

sæl

phoque

jaguar

jaguar

pony

poney

leopard

léopard

flodhest

hippopotame

giraf

girafe

ørn

aigle

vildsvin

sanglier

fisk

poisson

skildpadde

tortue

hvalros

morse

ræv

renard

gazelle

gazelle

amerikansk football
american Football

cykling
cyclisme

tennis
tennis

basketball
basket-ball

svømning
natation

boksning
boxe

ishockey
hockey sur glace

fodbold
football

badminton
badminton

atletik
athlétisme

håndbold
handball

skiløb
ski

polo
polo

grine
rire

springe
sauter

give et knus
embrasser

gå
marcher

synge
chanter

drømme
rêver

bede
prier

kysse
faire la bise

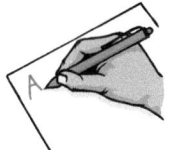

skrive
écrire

tegne
dessiner

vise
montrer

skubbe
pousser

give
donner

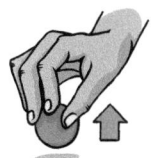

tage
prendre

aktiviteter - activités

63

have
avoir

gøre
faire

være
être

stå
être debout

løbe
courir

trække
trier

kaste
jeter

falde
tomber

ligge
être couché

vente
attendre

bære
porter

sidde
être assis

tage på
s'habiller

sove
dormir

vågne
se réveiller

se på
regarder

græde
pleurer

ae
caresser

kæmme
peigner

tale
parler

forstå
comprendre

spørge
demander

høre
écouter

drikke
boire

spise
manger

rydde op
ranger

elske
aimer

koge
cuire

køre
conduire

flyve
voler

sejle

faire de la voile

regne

calculer

læse

lire

lære

apprendre

arbejde

travailler

gifte sig med

se marier

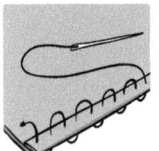

sy

coudre

børste tænder

brosser les dents

dræbe

tuer

ryge

fumer

sende

envoyer

bedstemor
grand-mère

bedstefar
grand-père

far
père

mor
mère

baby
bébé

datter
fille

søn
fils

gæst
hôte

tante
tante

onkel
oncle

bror
frère

søster
sœur

krop
corps

pande
front
øje
œil
skulder
épaule
finger
doigt
ansigt
visage
hage
menton
hånd
main
ben
jambe
bryst
poitrine
arm
bras

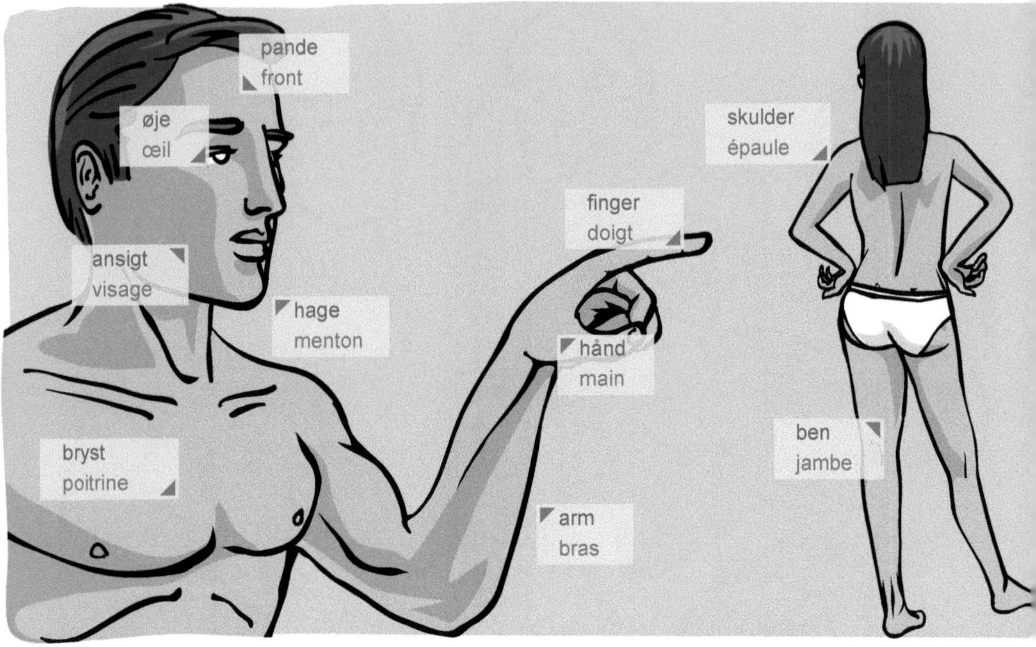

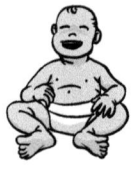

baby

bébé

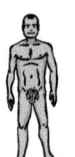

mand

homme

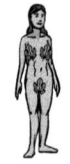

kvinde

femme

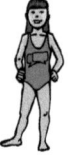

pige

fille

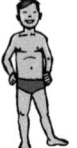

dreng

garçon

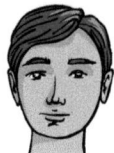

hoved

tête

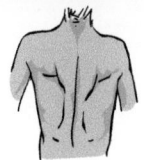

ryg
dos

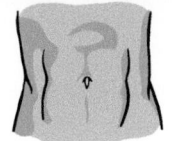

mave
ventre

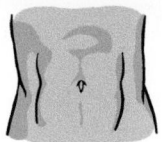

navle
nombril

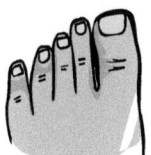

tå
orteil

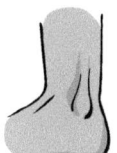

hæl
talon

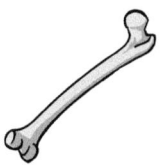

knogle
os

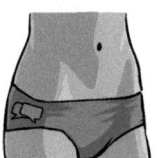

hofte
hanche

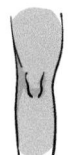

knæ
genou

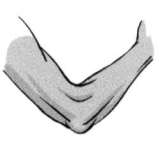

albue
coude

næse
nez

bagdel
fesses

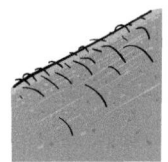

hud
peau

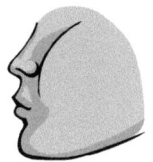

kind
joue

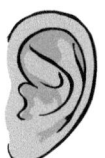

øre
oreille

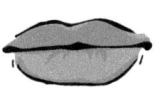

læbe
lèvre

krop - corps

mund
bouche

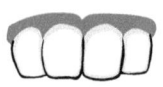

tand
dent

tunge
langue

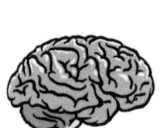

hjerne
cerveau

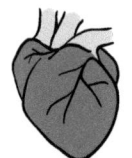

hjerte
cœur

muskel
muscle

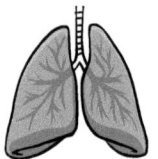

lunge
poumons

lever
foie

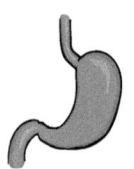

mavesæk
estomac

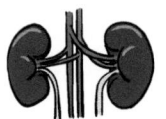

nyrer
reins

sex
rapport sexuel

kondom
préservatif

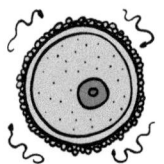

ægcelle
ovule

sperm
sperme

svangerskab
grossesse

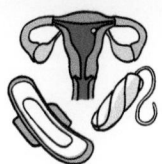

menstruation

menstruation

vagina

vagin

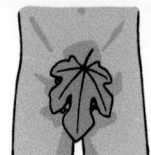

penis

pénis

øjenbryn

sourcil

hår

cheveux

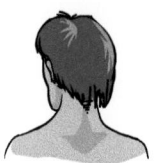

hals

cou

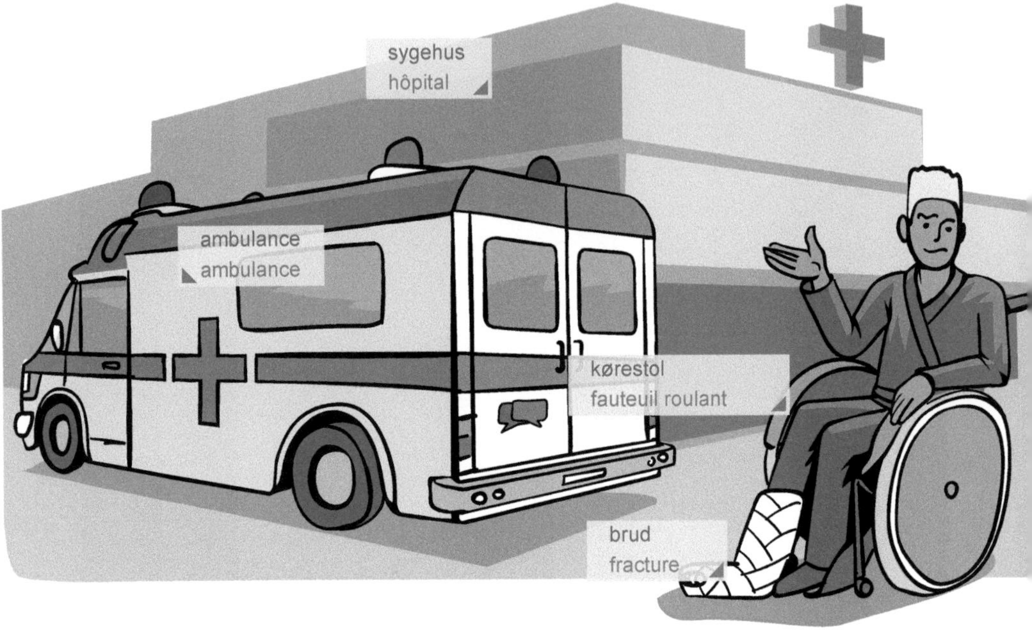

sygehus
hôpital

ambulance
ambulance

kørestol
fauteuil roulant

brud
fracture

læge

médecin

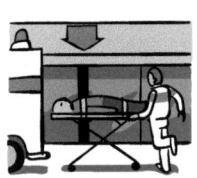

akutmodtagelse

service des urgences

sygeplejerske

infirmière

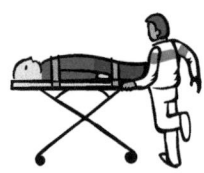

nødstilfælde

urgence

bevidstløs

inconscient

smerte

douleur

skade

blessure

blødning

hémorragie

hjerteinfarkt

crise cardiaque

slagtilfælde

attaque cérébrale

allergi

allergie

hoste

toux

feber

fièvre

influenza

grippe

diarré

diarrhée

hovedpine

mal de tête

kræft

cancer

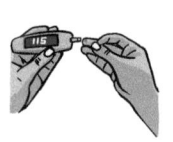

diabetes

diabète

kirurg

chirurgien

skalpel

scalpel

operation

opération

CT
CT

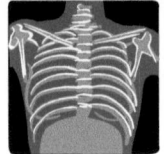

røntgen
radiographie

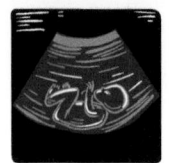

ultralyd
échographie

maske
masque

sygdom
maladie

venteværelse
salle d'attente

krykke
béquille

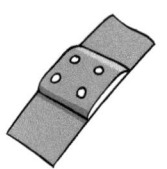

plaster
pansement

forbinding
pansement

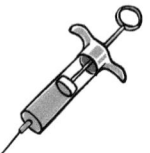

injektion
injection

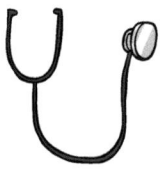

stetoskop
stéthoscope

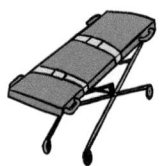

båre
brancard

termometer
thermomètre

fødsel
accouchement

overvægt
surcharge pondérale

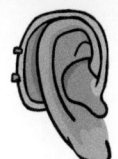

høreapparat

appareil auditif

desinficerende middel

désinfectant

infektion

infection

virus

virus

HIV / AIDS

VIH / sida

medicin

médicament

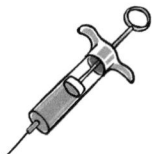

vaccination

vaccination

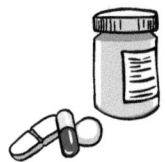

tabletter

comprimés

pille

pilule

nødopkald

appel d'urgence

blodtryksmåler

tensiomètre

syg / rask

malade / sain

Hjælp!

Au secours !

alarm

alarme

overfald

assaut

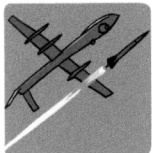

angreb

attaque

fare

danger

nødudgang

sortie de secours

Det brænder!

Au feu!

ildslukker

extincteur

uheld

accident

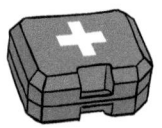

førstehjælps-kuffert

trousse de premier secours

SOS

SOS

politi

police

Europa

Europe

Nordamerika

Amérique du Nord

Sydamerika

Amérique du Sud

Afrika

Afrique

Asien

Asie

Australien

Australie

Atlanterhavet

Océan atlantique

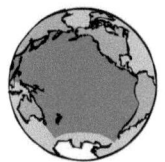

Stillehavet

Océan pacifique

Indiske Ocean

Océan indien

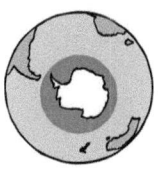
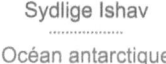

Sydlige Ishav

Océan antarctique

Ishav

Océan arctique

Nordpol

pôle nord

Sydpol

pôle sud

Antarktis

Antarctique

Jorden

terre

land

pays

hav

mer

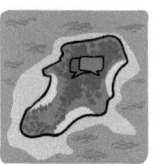

ø

île

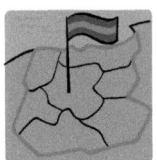

nation

nation

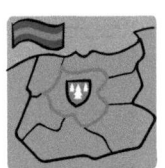

stat

état

urskive

cadran

timeviser

aiguille des heures

minutviser

aiguille des minutes

sekundviser

aiguille des secondes

Hvad er klokken?

Quelle heure est-il ?

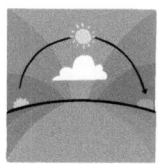

dag

jour

tid

temps

nu

maintenant

digitalur

montre digitale

minut

minute

time

heure

uge

semaine

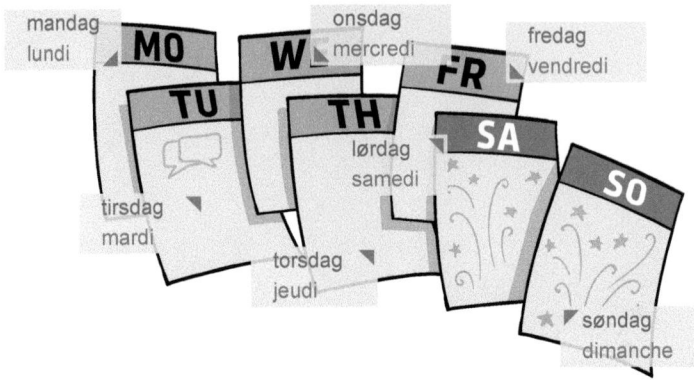

mandag
lundi

onsdag
mercredi

fredag
vendredi

tirsdag
mardi

torsdag
jeudi

lørdag
samedi

søndag
dimanche

i går
hier

i dag
aujourd'hui

i morgen
demain

morgen
matin

middag
midi

aften
soir

arbejdsdage
jours ouvrables

weekend
week-end

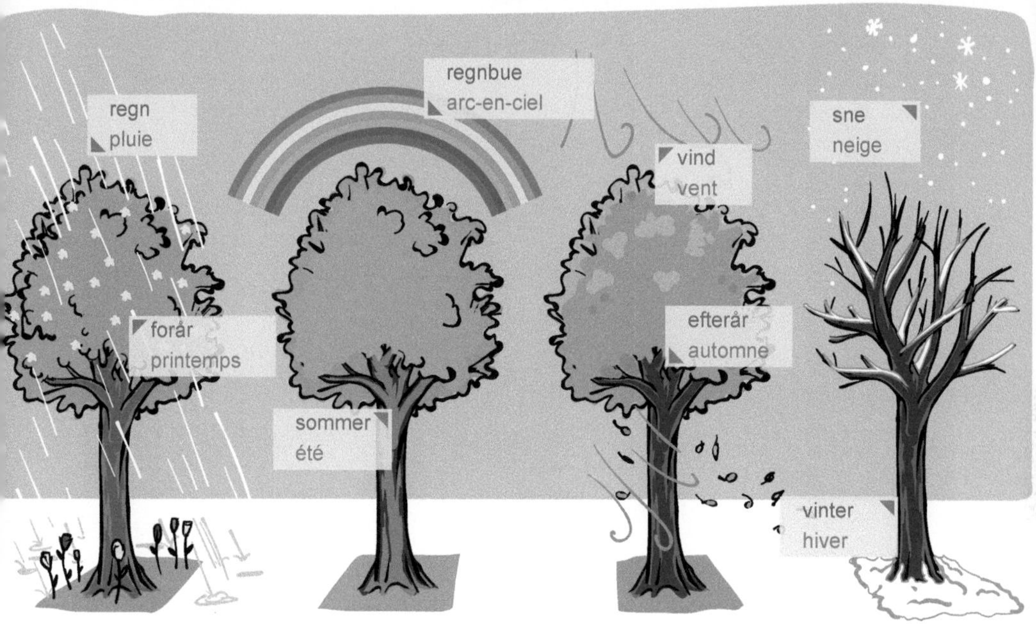

regn
pluie

regnbue
arc-en-ciel

sne
neige

vind
vent

forår
printemps

efterår
automne

sommer
été

vinter
hiver

4.APRIL	11°	☀
5.APRIL	4°	☔
6.APRIL	13°	☔
7.APRIL	8°	☀
8.APRIL	10°	☀

vejrudsigt

météo

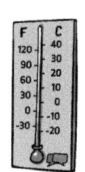

termometer

thermomètre

solskin

lumière du soleil

sky

nuage

tåge

brouillard

luftfugtighed

humidité

lyn
foudre

torden
tonnerre

storm
tempête

hagl
grêle

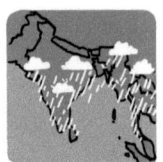

monsun
mousson

flod
inondation

is
glace

januar
janvier

februar
février

marts
mars

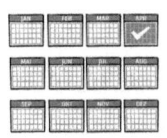

april
avril

maj
mai

juni
juin

juli
juillet

august
août

år - année

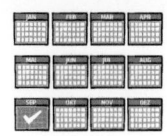

september
....
septembre

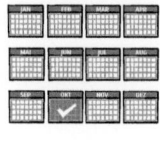

oktober
....
octobre

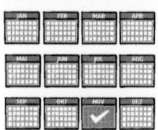

november
....
novembre

december
....
décembre

former
formes

cirkel
....
cercle

kvadrat
....
carré

firkant
....
rectangle

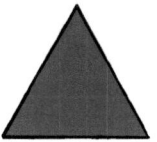

trekant
....
triangle

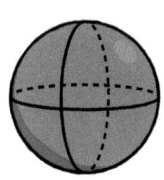

kugle
....
sphère

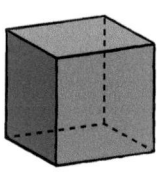

terning
....
cube

hvid

blanc

gul

jaune

orange

orange

pink

rose

rød

rouge

lilla

violet

blå

bleu

grøn

vert

brun

marron

grå

gris

sort

noir

meget / lidt

beaucoup / peu

rasende / fredelig

fâché / calme

smuk / grim

joli / laid

begyndelse / slut

début / fin

stor / lille

grand / petit

lys / mørk

clair / obscure

bror / søster

frère / soeur

ren / snavset

propre / sale

fuldkommen / ufuldkommen

complet / incomplet

dag / nat

jour / nuit

død / levende

mort / vivant

bred / smal

large / étroit

spiselig / uspiselig

comestible / incomestible

vred / venlig

méchant / gentil

ophidset / kedet

excité / ennuyé

tyk / tynd

gros / mince

først / sidst

premier / dernier

ven / fjende

ami / ennemi

fuld / tom

plein / vide

hård / blød

dur / souple

tung / let

lourd / léger

sult / tørst

faim / soif

syg / rask

malade / sain

illegal / legal

illégal / légal

intelligent / dum

intelligent / stupide

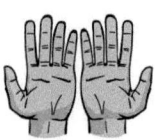

venstre / højre

gauche / droite

nær / fjern

proche / loin

ny / brugt

nouveau / usé

intet / noget

rien / quelque chose

gammel / ung

vieux / jeune

tændt / slukket

marche / arrêt

åben / lukket

ouvert / fermé

stille / højt

faible / fort

rig / fattig

riche / pauvre

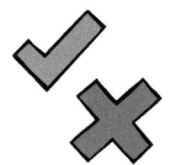

rigtig / forkert

correct / incorrect

ru / glat

rugueux / lisse

ked af det / lykkelig

triste / heureux

kort / lang

court / long

langsom / hurtig

lent / rapide

våd / tør

mouillé / sec

varm / kold

chaud / froid

krig / fred

guerre / paix

0

nul

zéro

1

en

un / une

2

to

deux

3

tre

trois

4

fire

quatre

5

fem

cinq

6

seks

six

7

syv

sept

8

otte

huit

9

ni

neuf

10

ti

dix

11

elleve

onze

12

tolv

douze

13

tretten

treize

14

fjorten

quatorze

15

femten

quinze

16

seksten

seize

17

sytten

dix-sept

18

atten

dix-huit

19

nitten

dix-neuf

20

tyve

vingt

100

hundrede

cent

1.000

tusinde

mille

1.000.000

million

million

engelsk

anglais

amerikansk engelsk

anglais américain

kinesisk mandarin

chinois mandarin

hindi

hindi

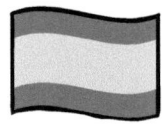

spansk

espagnol

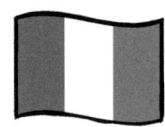

fransk

français

arabisk

arabe

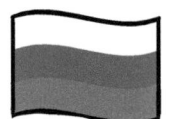

russisk

russe

portugisisk

portugais

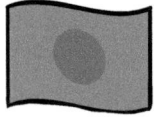

bengalsk

bengali

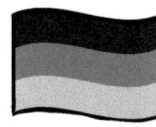

tysk

allemand

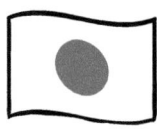

japansk

japonais

jeg

je

du

tu

han / hun / den / det

il / elle / ce, c', cela

vi

nous

I

vous

de

ils / elles

hvem?

Qui ?

hvad?

Quoi ?

hvordan?

Comment ?

hvor?

Où ?

hvornår?

Quand ?

navn

nom

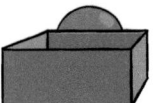

bag
derrière

i
dans

foran
devant

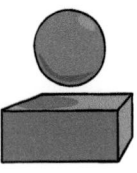

over
au-dessus

på
sur

under
en-dessous

ved siden af
à côté de

imellem
entre

sted
lieu